O RIO SÃO FRANCISCO

Alice

IRAÍ CORONATE
FERNANDA GRANDIS

FTD

Todos os direitos de edição reservados à
EDITORA FTD S.A.
Matriz: Rua Rui Barbosa, 156 (Bela Vista)
São Paulo — SP
CEP 01326-010 — Tel.: (011) 253-5011
Caixa Postal 8242 — Fax (011) 288-0132
Telex 1130129

Editor
Maurilo Sampaio
Editora Assistente
Maria de la Luz Mariz Costa
Coordenação de Revisão
Reny Hernandes
Preparação/Revisão
Rosa Maria Mangueira
Angela Cristina D. Garcia
Célia Regina do N. Camargo
Milena Ribeiro Leal
Editor de Arte
Paulo Roberto Pachella
Capa e Ilustrações
Moacir Rodrigues
Editoração Eletrônica
Wagner Gomes da Silva
Oséias Dias Sanches
Coordenação de Editoração Eletrônica
Carlos Rizzi
Reginaldo Soares Damasceno

Dados Internacionais de Catalogação na Publicação (CIP)
(Câmara Brasileira do Livro, SP, Brasil)

Coronate, Iraí Aparecida Fratucello
O Rio São Francisco / Iraí Coronate, Fernanda Grandis ; capa e ilustrações de Moacir Rodrigues. — São Paulo : FTD, 1995.

Suplementado por livro do professor.
ISBN 85-322-1504-1

1. São Francisco (Rio) I. Grandis, Fernanda Maria Ferreira Carvalho e Coronate, Iraí. II. Título.

95-1565 CDD-918.151

Índices para catálogo sistemático:

1. São Francisco : Rio : Descrição 918.151

Mauricio Simonetti/Pulsar

Rio São Francisco, Pirapora-MG

Neste livro, você vai conhecer Jataí e com ele navegar pelas águas de um rio muito querido dos brasileiros — o rio São Francisco.

Esperamos que aprecie a viagem. Ela vai colocar você em contato com esse rio que irriga plantações, abastece de água cidades e vilas, ajuda a produzir energia elétrica e aproxima a população das regiões Nordeste e Sudeste de nosso país.

Boa viagem!

As autoras

Agradecimentos

Ao Hugo, à Adele, à Bruna e ao Victor pela paciência, pelo amor e pelo incentivo.

Fernanda

Ao Vagner e à Tainá.

Iraí

Psiu! Silêncio! É meia-noite na serra da Canastra, coração de Minas Gerais. Tudo é paz e calmaria. O céu coberto de estrelas embala o sono do rio São Francisco, o "Velho Chico".

Rio querido, tratado como gente por quem o conhece.

Escute o suave barulho das águas correndo... É uma canção de ninar, que faz a natureza adormecer.

Em algum ponto da margem do rio São Francisco, próximo ao estado da Bahia, vivia uma árvore imensa, de tronco comprido, de folhagem verde-escura e brilhante.

Suas vistosas flores amarelas enchiam o cerrado de cor e alegria. E muita gente usava seus frutos em forma de vagem para fazer uma gostosa farinha.

Os índios a chamavam de ijibibá. Mas ela era mais conhecida como jatobá ou jataí. Vamos chamá-la Jataí.

Era uma árvore querida, como um amigo conhecido há muito tempo.

Mas a natureza tem seus mistérios.

Um dia, caiu uma tremenda tempestade e um raio arrancou Jataí de suas raízes. Aos poucos, o tronco foi rolando, rolando, até cair no rio.

Deixou saudades no cerrado.

Mas a correnteza não pára e Jataí lá se foi, descobrir os encantos do "Velho Chico".

— Puxa! Como estou cansado! Será que nunca mais vou parar? Tantos dias viajando nesta correnteza me deixaram com saudades da terra firme. Onde será que estou?

— Você chegou à Bahia.

— Uaaai!! — berrou Jataí, que se acreditava sozinho no rio — Quem é você?! De onde você veio?!!

— Sou uma arara. Também estava cansada e por isso resolvi dar uma paradinha aqui, em cima de você.

— Eu sou o tronco de um jatobá, mas pode me chamar de Jataí. Você sabe por que o rio está assim tão raso?

— Sei, sim. O rio está assoreado, isto é, cada vez tem mais terra no fundo. Isso acontece por causa da derrubada das árvores que ficam nas margens. Sem elas, a terra junto ao rio é carregada para a água e vai se amontoando no fundo.

— Ah! Então aqui também caem muitos raios que derrubam árvores?

— Que nada, Jataí! As árvores são derrubadas pelas pessoas, para fazer carvão. Se continuar assim, adeus vegetação! Tudo vai virar um deserto.

— Você deve estar enganada, Arara! Imagina se as pessoas iam fazer uma bobagem dessas! Se isso aqui virar deserto, como elas vão viver?

— Ah, é? Então como você explica o assoreamento do rio?

Jataí despediu-se da Arara, sem acreditar muito em suas palavras.

Afinal, por que o homem, que depende tanto do rio e das plantas que crescem às suas margens, ia lhes fazer mal? Até parece! As mulheres lavam roupa no rio... As crianças nadam em suas águas... Os homens pescam no rio e regam suas plantações com a água do "Velho Chico"... Por que iriam destruí-lo? Bobagem da Arara...

Jataí prosseguiu rio abaixo, agora prestando mais atenção à paisagem.

Não é que a Arara podia estar certa? Viu muitas plantações às margens do rio e muitas cidades próximas. Pensou que seria melhor deixar o rio em paz... Mas, por outro lado, como se arranjaria água para molhar as plantações que alimentavam tanta gente? De onde viria a água para abastecer as cidades do sertão nordestino?

O sertão foi ficando para trás. A correnteza prosseguiu forte e por meio dela Jataí chegou à bacia inferior do São Francisco.

A paisagem era linda, as águas limpas e mansas eram cortadas por pequenos barcos pesqueiros. Nas sombras das árvores que beiravam o rio, velhos pescadores remendavam suas redes. As lavadeiras, com panos brancos amarrados à cabeça, ensaboavam suas roupas. Crianças brincavam nas águas rasas das margens do rio.

Era o rio levando vida por onde passava...

Jataí mal podia acreditar. Tanto tempo viajando, tantos obstáculos, e mesmo assim ele prosseguia.

De repente, ouviu um grito agudo:

— Cuidado, vô! Desvia! Olha o tronco! O barco pode virar!

— Não se preocupe, filho! Nada vai acontecer! Só vou chegar mais perto para tentar pegar esse tronco, que é de jatobá e está em ótimo estado.

— Legal, vô! Vai dar certinho para o que você quer fazer.

Com muito esforço, o avô João e o netoTadeu conseguiram pegar o tronco e levá-lo para a margem.

Jataí tremia de medo, certo de que seria transformado em lenha ou em carvão. Mas qual não foi a sua surpresa quando descobriu a verdadeira intenção de João e Tadeu:

— Meu neto, isto aqui vai se transformar na canoa mais bonita que este rio já viu!

Desse dia em diante, Jataí nunca mais deixou de ir e vir pelo rio São Francisco, feliz da vida!

Felicidade para Jataí, que não precisou ficar longe de seu querido rio. Alegria para seu João e Tadeu, que ganharam uma nova embarcação.

— Que bom, né vô? Um barco novo bem agora que o rio está cheio de peixes!

— Não podemos pescar agora, Tadeu. É época da piracema, quando os peixes sobem o rio para se reproduzir!

— Mas vô, eu vi, rio abaixo, vários pescadores pescando com malha miúda!

— É, meu filho. Tem muito pescador que só pensa no dia de hoje, e por isso pesca até peixinhos novos. Mas devemos enxergar mais longe: se pescarmos os filhotes agora, eles não se transformarão em peixes adultos. Sem peixes adultos para substituir os peixes de hoje, as espécies acabam. Então, é melhor esperar que os filhotes cresçam e se transformem em peixes adultos para depois pescá-los. Você não acha?

— Claro, vovô!

Vivendo o dia-a-dia com seu João e Tadeu, Jataí ouve muitas histórias sobre o passado glorioso do rio. E sente a preocupação dos pescadores no presente. Além do assoreamento causado pela derrubada das árvores, a construção de represas ao longo do rio vem alterando seus períodos de cheia e a quantidade de peixes que nele vivem.

Jataí percebe também que não há tratamento de esgotos e a poluição das águas já é visível, podendo acabar com a pesca e mudar para pior a vida de todos na região.

Jataí se entristece ao constatar que a Arara tinha razão...

Felizmente, essa situação ainda pode mudar. A vegetação arrancada das margens pode ser replantada. Podemos tratar a água dos esgotos antes de despejá-la no rio. Leis mais duras e uma maior conscientização dos pescadores podem evitar a pesca durante a piracema.

Assim a história de nosso jatobá pode ter um final feliz! Mais feliz ainda para o rio, antigo companheiro de um povo valente, que ri e chora às suas margens e tem tanto carinho por ele que o chama de Chico, como se ele fosse gente.

Chico. “Velho Chico”...

ATIVIDADES INTERDISCIPLINARES

ATIVIDADES DE CIÊNCIAS

1. a) Pinte o quadro abaixo. Ele representa a *piracema*, época em que algumas espécies de peixe nadam contra a correnteza do rio para desovar, ocorrendo a reprodução.

b) Você acha correto pescar durante a piracema? Por quê?

....

....

2. A derrubada das árvores das margens dos rios causa seu assoreamento.
Procure no dicionário o significado da palavra *assorear* e escreva por que o assoreamento é prejudicial à natureza.

....

....

ATIVIDADES DE MATEMÁTICA E EDUCAÇÃO ARTÍSTICA

1. Vamos montar um barco? Pegue uma folha de papel e faça as dobraduras, obedecendo à ordem crescente dos algarismos: 1, 2, 3, 4, 5, 6, 7 e 8.

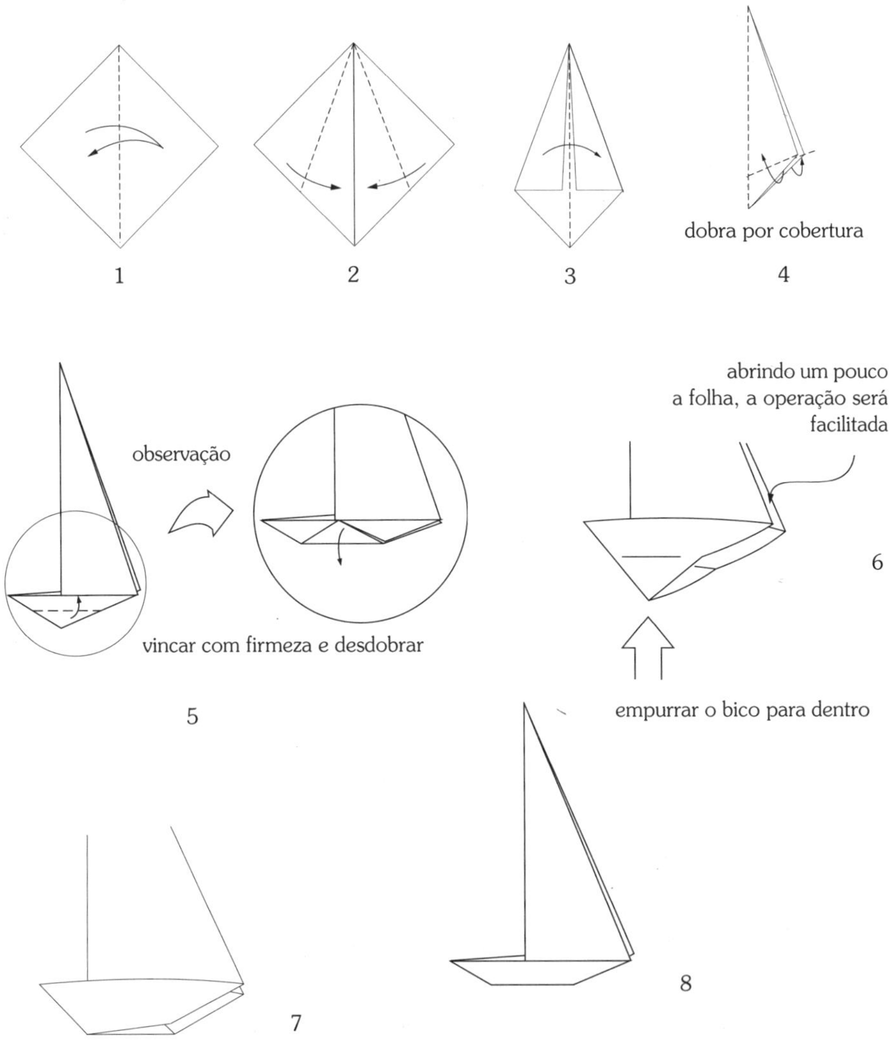

2. Agora vamos montar um peixinho? Faça as dobraduras, seguindo a ordem decrescente dos algarismos: 5, 4, 3, 2 e 1.

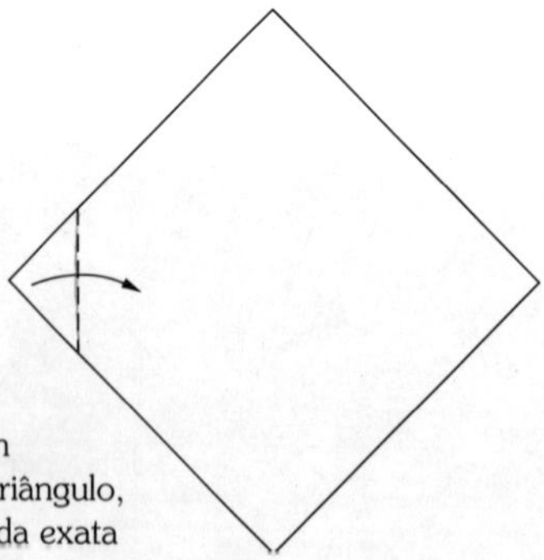

formar um pequeno triângulo, sem medida exata

5

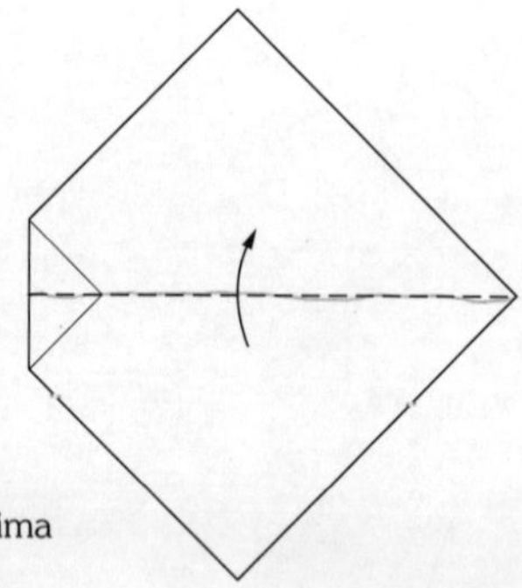

dobrar para cima

4

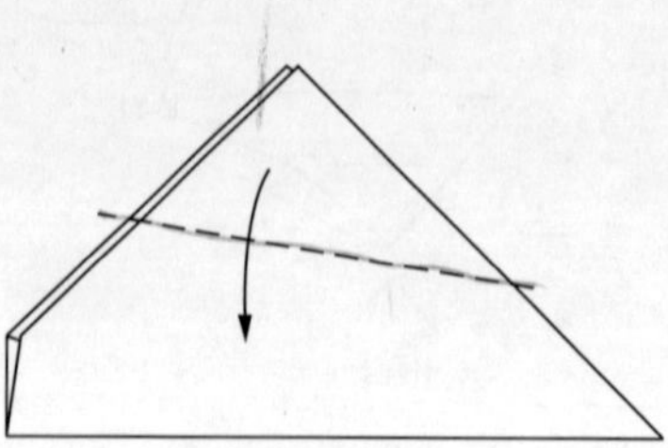

dobrar as duas abas conjuntamente

3

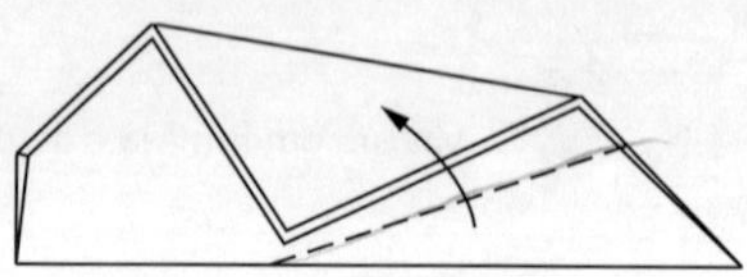

2

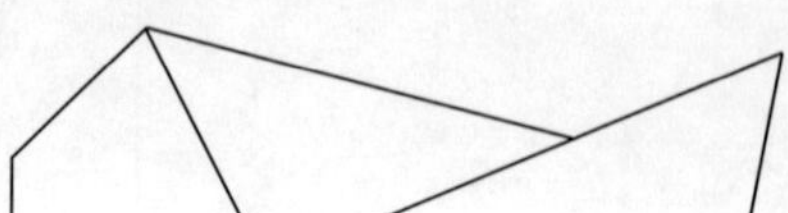

1

ATIVIDADES DE GEOGRAFIA

1. Para esta atividade, escolha o material para pintura de que você mais gosta (lápis de cor, giz de cera, canetinhas ou até tinta plástica), o importante é deixar o seu mapa bem colorido.
   Observe o que você deve fazer: localize no mapa as regiões por onde passa o rio São Francisco, pinte de azul a região onde se encontra sua nascente e de amarelo a região em que está sua foz.

2. Observe o mapa e faça a cruzadinha com o nome dos estados por onde passa o rio São Francisco.

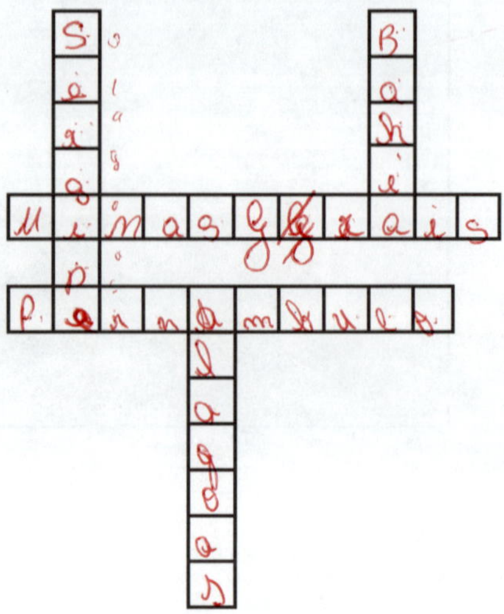

ATIVIDADE DE HISTÓRIA

Em 13 de outubro de 1859, a bordo do Amazonas, o imperador Pedro II avistou a foz do rio São Francisco, iniciando uma viagem de 15 dias até Paulo Afonso, Bahia. Ele passou por vilas e povoados às margens do rio e se encantou com o "Velho Chico".

Essa é apenas uma das muitas histórias sobre esse rio, cheio de personagens interessantes e famosos.

Que tal você e sua turma se reunirem para fazer uma pesquisa sobre histórias e personagens famosos ligados ao rio São Francisco? Depois vocês podem escolher as histórias mais interessantes e apresentar para sua classe por meio de representação teatral, mural histórico ou, ainda, jornalzinho feito por vocês.

ATIVIDADES DE PORTUGUÊS

1. Localize no caça-palavras algumas palavras que aparecem no texto e o nome de alguns personagens que Jataí conheceu em sua primeira viagem pelo rio São Francisco.

B	A	F	D	E	Í	H	A	N	T	E	J	Z
A	A	E	L	L	N	P	L	D	A	D	L	O
R	E	F	H	I	D	R	E	A	D	O	P	U
C	I	N	M	A	I	A	A	R	E	R	L	E
O	F	H	N	E	O	E	T	A	U	I	A	N
A	G	A	O	X	D	I	I	Q	S	E	N	D
V	A	A	R	A	R	A	N	U	U	C	T	U
E	C	I	D	A	D	E	A	I	D	A	A	A
L	O	U	Q	J	O	Ã	O	D	R	G	Ç	V
L	A	V	A	D	E	I	R	A	S	N	Õ	A
D	P	R	L	C	T	S	O	A	T	A	E	N
A	C	P	E	S	C	A	D	O	R	C	S	D

2. a) Competição de leitura.
Vamos ver se você é um bom leitor. Leia o texto corretamente, obedecendo à pontuação.

Em 4 de outubro de 1501, dia de São Francisco de Assis, o navegador Américo Vespúcio descobriu um grande rio, que batizou com o nome do Santo.
Durante muito tempo, a navegação no rio São Francisco era feita em barcos a vela ou empurrados por longas varas de dez metros. Na proa, os barqueiros colocavam estátuas de madeira chamadas carrancas. Esses objetos representavam cabeças humanas ou de animais com expressões assustadoras. Eram usadas para espantar os maus espíritos.
Com a introdução dos barcos a vapor, esse tipo de embarcação foi desaparecendo. Os primeiros barcos movidos a lenha foram chamados *gaiolas* e navegaram regularmente até 1970, consumindo a madeira de toda a área ribeirinha. Essa madeira era armazenada em portos de lenha ao longo do rio. Hoje, resta apenas um vapor: o Benjamim Guimarães.

b) Entendimento do texto.

Responda:

— Quem descobriu o rio São Francisco?

Américo Vespúcio

— Como era feita a navegação no rio?

Em barcos a vela ou empurrados por longas varas de dez metros.

— O que são carrancas?

....

....

— Para que servem as carrancas?

....

— Como foram chamados os primeiros barcos movidos a lenha?

....

ATIVIDADES DE INGLÊS

1. Color the regions. Use blue, yellow, brown, red and green.

2. Translate to English.

Norte: ....

Sul: ....

Leste: ....

Oeste: ....

Centro-Oeste: ....

Sudeste: ....

3. Illustrated vocabulary. Draw it yourself.

 tree	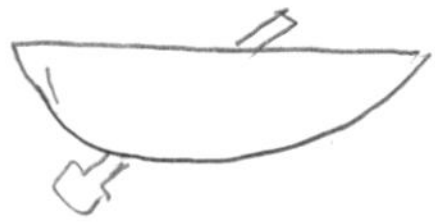 boat	 bird
 river	 fish	beach

CURIOSITY

Did you know that: (Você sabia que:)

— No rio Mississippi, nos Estados Unidos, navegam as gaiolas, muito parecidas com as que navegam no rio São Francisco?

— Nos Estados Unidos há o *Grand Canyon*, um espetáculo da natureza onde a água do rio, durante milhões de anos, moldou lindos paredões de pedra?

— No rio São Francisco também há cânions que, embora não tão exuberantes quanto o *Grand Canyon*, também são muito belos?

4. Translate to English.
   a) Este barco é bonito.

      ....

   b) Roberto tem um barco.

      ....

   c) O avô de Roberto é pescador.

      ....

VOCABULARY

beach	praia
beautiful	bonito
bird	pássaro
blue	azul
boat	barco
brown	marrom
East	Leste
fish	peixe
fisherman	pescador
grandfather	avô
green	verde
Middle-West	Centro-Oeste
North	Norte
red	vermelho
regions	regiões
river	rio
South	Sul
South-East	Sudeste
tree	árvore
West	Oeste
yellow	amarelo

VERBS

to be	ser, estar
to have	ter, haver

Impresso nas oficinas da
EDITORA FTD SA
Avenida Antonio Bardella, 300
Fones: 912-1905 e 912-8099
07220-020 GUARULHOS (SP)